JN408679

채희문 신작 육필시집

영혼의 속삭임 같은 손맛의 詩 100편

♣ 책머리에

2007년도에 볼펜으로 쓴 수제품 육필 시집을 출간해 친지들(비문인 위주로) 몇 사람만 나눠가진 일이 있는데, 역시 어설픈 솜씨지만 이번에는 붓으로 손글씨 시집을 엮어 보았습니다.

컴퓨터로 스피디하게 글자를 찍어대는 현란한 디지털 시대에 이 무슨 시류와 동떨어진, 궁상스런 짓거리를 계속하느냐고 말할 수도 있겠지만, 오히려 나는 그와 반대로 생각하는 바보들 중의 한 사람입니다.

아니, 요즘 같은 세상일수록 이러한 자기 나름의 육필시가 더욱 필요하고, 보다 더 가치 있는 일이라고 주장하고 싶은 사람입니다.

다시 말해, 손 글씨 작업은 그 작품에 다시 한번 생명을 불어 넣는 행위이며, 독자가 시인의 고뇌와 체취를 한층 더 가깝게 접할 수 있고, 그의 개성적인 매력은 물론 더 나아가 그의 깊숙한 예술혼의 속살까지 엿볼 수 있는 일이 되기 때문입니다. 뿐만 아니라 작자 자신도 손글씨로 작업을 하다 보면 그동안 자기도 모르게 경직되고 타성화된 일상의 메마른 감성이 한결 순화되고 정화되는 느낌을 갖게 되리라고 봅니다.

더욱이 요즘 같이 '짜가'와 '짝퉁' 문인이 만연한 한심한 문단 풍토를 감안해 볼 때, 비록 솜씨는 서툴지만, 이런 손 글씨 시 작업이 '참시'의 진면목을 회복하는 데에도 바람직한 각성제가 되지 않을까 생각해 봅니다.

중국에서는 예로부터 '글씨가 바로 그 사람이다'라는 말도 있습니다.

하여튼, 몸에 좋다는 우리의 전통 음식들도 손맛으로 제 맛을 내는 게 아니던가요?

그러나 막상 작업을 마무리하고 나니, 그동안 그토록 애써 수확한 가을걷이 유기농 작물(?)이 겨우 이 정도인가 싶어 한편으론 허전하고 썰렁한 기분이 들기도 합니다.

하지만 이제 어쩌겠습니까?

혹 이 세상 어느 구석엔가 한두 명이라도 진정한 나의 독자가 있어 이번 작품집을 보고 심금에 작은 울림이라도 생긴다면, 나로서는 더할 나위 없는 기쁨과 보람으로 여기겠습니다.

'머리로 쓰는 시는 고통이요 가슴으로 쓰는 시는 소통'이란 말이 새삼 가까이 느껴집니다.

앞으로 남은 길도 '가슴으로 쓰고 가슴으로 읽는 시'를 생각하며 걸어가렵니다.

2014년 여름 의정부 부용천 세월교 위에서

채 희 문

♣ 차례

제1부 • 세상은 나 보고

제2부 • 먼 길 걷기

제3부 • 지도에 없는 여로

제4부 • 사라짐에 대하여

제5부 • 미지의 행선지

1. 세상은 나 보고
2. 세월호 열차
3. 가을 나기
4. 소슬비
5. 저녁 노을
6. 낙엽의 수목장
7. 가을 안개
8. 가을 바이러스
9. 그리운 그림자
10. 요즘 日課
11. 수행 三昧
12. 순리의 삶
13. 길에서 길을 만나리
14. 가로수와 벤치
15. 쓸쓸한 同行
16. 허물벗기
17. 기다려지는 배
18. 너무나 쓸쓸한 消日
19. 저녁 종소리
20. 라스트 신

제1부 • 세상은 나 보고

시는 머리로 쓰면 두통이 오고,
가슴으로 쓰면 소통이 온다.
나는 가슴으로 쓰고, 가슴으로 읽는
시를 쓰고 싶다.

– 詩作 노트 중에서

세상은 나보고

세상은 나보고
더욱더 높이 오르라지만
난 이만큼 낮은데가
좋다오

세상은 나더러
남보다 빨리 빨리
달려가라지만
난 이렇게 천천히 가는 게
좋다오

세상은 나에게
자꾸 많이 많이 가지라지만
난 이 정도 부족한 게 좋다오

세상은 나한테
악착같이 싸우고 싸워
이기라지만, 난 져주기도 하며
때로는 밑지고 손해 보는 게
좋다오

세상은 또 나보고
왜 남들처럼 저잣거리로 나와
큰 소리를 내지 않느냐고 뭐라지만
난 지금처럼 조용한 게 좋다오
한적한 변두리 길 벤치에 앉아
솔바람 맑은 물소리를 꿈꾸는 게
더 좋다오

그래서 사람들은 나를 가리켜
한심한 바보 못난이라고
말들이 많지만
그래도 난 좋다오
괜찮다오.

세월호 열차

눈에 보이지도
손에 잡히지도 않는
세상에서 제일 빠른
것 같은 이상야릇한
투명 열차가
나를 싣고 가네요
어디까지 가는지
어느 역에 멈춰
나를 내려 줄 것인지
시발지나 종착역 같은
행선지 표시도 없고
그렇다고 아무 데서나
맘대로 타고 내릴 수도
없는
알쏭달쏭 아리송한
열차가 나를 태우고
가네요

갈수록 가속도를 내는 것인지
너무도 빠른 세월호 열차가
어느 지도에도 없는 길을
오늘도 나를 실은채
쏜살같이 달려 가네요 .

가을나기

언제나 가을은
한없이 쓸쓸해지라 하네
혼자의 시간을 가지라 하네

조용히 자신을 가다듬으며
아름다운 마지막 성숙의 고통을
차분히 받아 들이라 하네

가을은 그처럼
아쉬움도 미련도 다 접어 놓고
맑게 비운 저 하늘처럼
높고 깊어지라 하네

다시금 그렇게
멀리 떠나는 길에 서라 하네.

비

가을비엔
우산도 소용 없네
가슴부터 젖으니까.

우수수 지는 나뭇잎엔
빗자루도 별수 없네
가슴 속 낙엽들은
그대로 있으니까

이처럼 속절없이 가을은 가지만
타오르는 단풍잎처럼 그리움은 남아
아득한 하늘자락까지 사무치다가
시나브로 빗물되어
소슬비로 내리네.

저녁노을

서녘 하늘 저 집엔
누가 살길래
저토록 현란한 등불을
켜 놓고 있는 것일까

이제 곧 밤이 되리니
몸과 마음의 짐
다 내려 놓고
어서 이리 와 편히 쉬라고
누군가 청사초롱 불 밝히며
나를 기다리고 있는 것일까
나를 마중 나오려는 것일까.

낙엽의 수목장

늦가을 해질 무렵
한 노인이 빗자루를 들고 나와
낙엽을 쓸고 있네

바람에 흩어지지 않도록
조심스레 쓸어 모으더니
마치 불쌍한 낙엽들을
제 에미의 품으로 돌려 보내듯
나무 밑 부드러운 땅에
묻어 주고 있네

사람도 때가 되면
누구나 낙엽이 되는 거

이왕이면 우리도 저처럼 자연스레
본래의 뿌리로 돌아간다면
얼마나 좋을까.

가을 안개

가을이 오고
소슬바람에
나뭇잎 흩날리면
아련히 떠오르는
안개 낀 가로수길

그 길가 가로등 밑에
떠나는 계절의 쓸쓸한 사연처럼
한 잎 두 잎 낙엽이 쌓이면
생각나는 사람
보고 싶은 얼굴
그리운 목소리

난 오늘도 그날의 벤치에 앉아
가슴 속 하얀 캔버스에
그림을 그려요
안개 속으로 걸어오는 임
그대 모습을……

가을 바이러스

왠지 떠나고 싶은 나날
왠지 걷고 싶은
낙엽 쌓인 옛길
왠지 찾고 싶은 바닷가 그 찻집
왠지 듣고 싶은 추억의 그 노래
왠지 보고 싶은 그리운 그 얼굴
왠지 쓰고 싶은 눈물 젖은
긴 편지
아, 그토록 그지없이 쓸쓸한
가을이 오면 왠지……

그리운 그림자

얼마나 적적하고
무료하면 제 그림자도
그리워질까요
얼마나 지독하게
외로우면 제 그림자도
반가울까요
그래서 때로는 더욱
그림자야말로 빛이 주는
아주 소중한 선물
세상 모두가 외면하고 떠나도
언제나 앞뒤 좌우에서
평생을 묵묵히 동행하는
변치 않는 반려자, 순정의
조강지처라오.

요즘 日課

요즘 하는 일은
주로 바라보는 일

미워하거나 화내지도 않고
탓하거나 서운해 하지도
않고
잘 보이지 않는 눈으로
잘 들리지 않는 귀로
좀 뒤로 물러서서
바보처럼 바라보거나
그저 듣기만 하는 일

아니면, 가을 바람에
가랑잎 굴러가듯
덧없이 떠나가는 것들을 향해
사랑과 연민의 눈길로
용서와 감사의 미소로
석별의 손을 흔들어 주는 일

그러다 때로는
서녘 하늘 바라 보는
노을 젖은 눈에
이슬 방울 맺히기도 하지만……

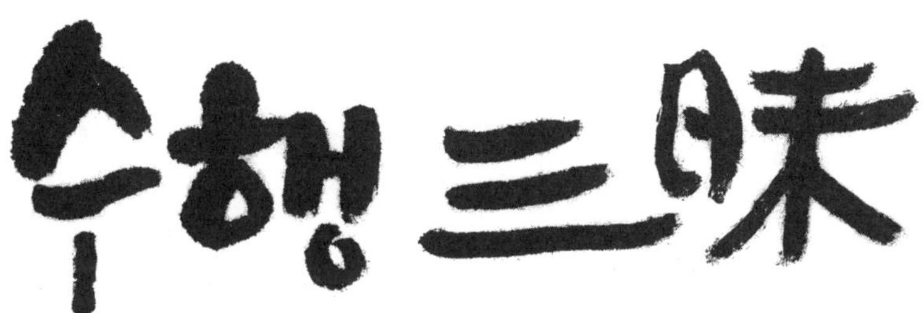

일상 생활의 일거수 일투족이
수행이나 다름 아닌 사람은
삼라 만상의
보이는 것마다 스승으로 보이고
들리는 것마다
가르침의 말씀으로 들리고
산천 초목이 깨달음의 경전이요
머무는 곳이 나무아미타불
절집이요. 아멘 할렐루야 교회요
성당이라오.

순리의 

저 산과 들의 초목들이
항상 제 자리 걸음한다고
거북이 달팽이 굼벵이 지렁이가
늘 꾸물대며 느리다고
어디에 지각해 낭패 보는 거
봤나요

이 땅의 모든 생물들은
다 나름대로의 속도와 페이스로
생존하고 있는 거

그런데도
동물 중에 제일 잘 났다고
까부는 사람이란 존재는
그런 자연의 섭리와 순리를

아는지 모르는지
오히려 그것을 거스르는 데에
더 집착해
허구 헌날 전전긍긍 헐레벌떡
불행한 삶을 자초하고
있다구요.

길에서 길을 만나리

우리가 사는 길은
아니, 살아야 할 길은
길을 가다 보면 보이리

뚜벅뚜벅 걸어가다 보면
가던 길과 다른 길도
나타나고
때로는 뜻밖의 갈림길이나
오르막 내리막 길도 만나리

그렇게 가는 멀고 먼 길일수록
참 길이 마중나와 길을 인도하고
비록 배낭은 비어 가벼워지지만
가슴 속은 설레는 추억의
흐뭇한 온기로 가득하리

그처럼 인생길은
짧고도 긴 여행길
봄길 여름길 가을길을 거쳐
마침내 순백의 겨울길에
이르러.

가로수와 벤치

삭막하고 곤고한
세상길
이 왕이면 그런 길가에
서 있는, 그늘 넉넉한
가로수이고 싶네

오가는 길손들이
잠시 머물러 쉬다
가고픈, 그런 나무 아래
아늑한 벤치이고 싶네.

쓸쓸한 風

당신도 말이 없으시군요
그림자처럼 조용하시군요

그동안 마음이 아프셨나 봐요
그러다 많이 가벼워지셨나 봐요

그래서 저 적막한 山寺처럼
한없이 고요해지셨나 봐요
마냥 쓸쓸해지셨나 봐요

당신 가슴에서도 나처럼
가을비 소리없이 내리며
소슬 바람만 불어오나 봐요.

돌이켜 보니, 나 역시
여느 사람들이나 마 한가지로
내실 보다는 겉치레에 더 신경 쓰며
살아 오지 않았나 싶네

그런데, 왠지 요즈음은
마치 선물의 포장지를 벗겨내듯
거울 앞에서 여자가 화장을 지우고 있듯
내 가증스런 허울을
한 꺼풀씩 벗겨내고 있네

그러다 어떤 때는
과연 이게 내 본 모습일까 싶기도 하지만
어느새 내 가슴은
빈 상자처럼 비워지며
날아갈듯 가볍고 편하다네.

기다려지는 배

저녁 노을 곱게 물든
저 건너 섬 나루에서
가물가물 흔들리며
이리로 다가 오는 나룻배는
누구를 태우러오는 걸까

나를 데리러 오는 걸까

나를 싣고 간다면
어디로 가려는 걸까

사공은 누구일까.

너무나 쓸쓸한 消日

오늘도 나의 가슴 속은
기차 소리 멀어져 간
어느 썰렁한 간이역 대합실

하도 무료하고 심심해
창밖의 먼 산 바라보다
하품 한 두번 하고

또 우두커니 먼 하늘 쳐다보다
뜬 구름에 두둥실
잠시 꿈나라도 다녀오고

그러다 뉘엿뉘엿 해 기울면
으레 노을 비끼는 창가에 앉아
혼자 권커니 잣거니
너무나 쓸쓸한, 아니 씁쓸한
夕陽杯 한 잔……

저녁 종소리

어느 늦가을 해질무렵
심심산중 적막무중

점점 길어지는
산 그림자
어디선가 아슴프레
들려오는 아득한
종소리

소슬바람에 실려
첩첩산간 돌고돌며
오는듯 가는듯 떠도는
외딴 山寺의
그윽한 종소리

그 은은한
메아리……

라스트 신

옛날 미 서부영화를
보면 늘 악당들이 설쳐대
공포와 불안에 떠는 마을에
꽤나 그럴싸한 스타일의 사나이가
어느날 홀연히 나타나
나쁜 놈들 차례로 다 처치해버리고
골치거리들 후련히 해결해 놓고는
주민들의 아쉬움과 미련 속에
석양을 뒤로 사라져 가는
멋진 주인공의 아련한 뒷모습이
그렇게도 감동적일 수가 없었는데
이왕이면 우리네 인생
마지막 떠나는 길도
그렇게 막을 내릴 수는 없을까
잊지 못할 영화의 라스트 신처럼
그런 근사한 분위기의
마감을 할 수는 없을까.

제2부 • 먼 길 걷기

완성도 높은 참시란, 신산한 삶의
질곡들이 잘 발효 · 숙성 · 여과된 절제의
깊이와 고뇌에서 묻어 나온다.

– 詩作 노트 중에서

오늘 하루

오늘이란 날이
어제의 내일로
내일의 어제로
그렇게 반복적으로 계속되는것 같지만
짧든 길든 자기 생애의 나날중
바로 그날은 단 하루뿐

혹 1백년, 아니 그 이상을
사는 사람이라 해도
3만 6천 5백일 동안
몇년 몇월 몇일이라는
그 오늘은
오로지 그날 한번 뿐
두번 다시 돌아오지 않는거

그처럼 우리네 인생살이
누구나 자신의 마감시간을 모르지만

어느 날 생은 한 번 접게 되면
그것으로 그뿐
비 오는 날의 우산처럼
접었다 폈다 할 수는 없는 거

그러고 보면
단 한 번뿐인 일생 중의
오늘이란 그날이
얼마나 귀중한 시간의
하루이며
오가는 그날 그날 하루 하루가
얼마나 소중한 나날이랴.

12

나무들은
가을 겨울이 되면
되레 입은 옷을
벗어 놓데요

그런데 사람들은
오히려 옷을 더 챙겨 입데요
욕심의 두터운 옷으로 감싸 입데요

그러고 보면
잘 났다는 우리네 인간들
실은 나무들만도 못한 존재 아닐까요
이제라도 나무의 살림살이 배워
이 가을 겨울의 계절은
단출한 심신으로 지내야 겠네요
얼마나 남았는지 모를 나그네
길이지만, 그렇게 살아야 겠네요.

뒷모습

잠시 머물다 간 자리이건
오랜 세월 살다 간 자국들이건
그런 지나온 삶의 흔적들 위에
영혼의 은은한 꽃 향기처럼
그지없는 여운으로 남는 사람

그래서 두고 두고 생각나는 사람
그렇게 자꾸 자꾸 보고싶은 사람
그토록 오래 오래 그리운 사람

그런데, 이 몸도 그 사람들처럼
언젠가 기약없는 먼 길 떠나는 날
석별의 손수건 흔드는 손길들 사이로
그런 아름다운 뒷모습 보여줄수 있을까.
그 수많은 인연의 아쉬운 가슴들 속에
오랜 그리움의 그림자로 남을수 있을까.

빈 배낭

왠지 난 오늘을
먼 길을 정처없이
떠돌다가 고향에 돌아오는
것 같네

무엇이 그리 못마땅해
늘 밖으로만 뛰쳐나가려
했을까

무슨 대단한 꿈을 이루겠다고
그렇게 멀리 떠나려고만 했을까

그런데 지금은
오랜 타향살이에 지쳐 돌아오는
나그네처럼
어느 해 저녁 빈 배낭 하나 둘러메고
고향역에 내리고 있는 것 같네
마침내 고향집 거울 앞에 와
비로소 나를 만나고 있는 것 같네.

더불숭

꽃도 그 향기가
백리를 가는 꽃이 있다는데

사람도 그의 향기로 인해
죽어서도 천만세를 사는
사람이 있다는데

나의 향기는 몇 리?
혹은 몇 년?
아니
내게 그런 향기나
있는 것일까.

님의 향기

— 法頂을 기리며

님은 환생한 싣다르타였을까
님이 걸어온 적막공산에
새벽 눈길 같은 혼자의
길
님이 끝까지 소유한 것은
오로지 무소유 일념

이제 비록 육신은 덧없이 스러졌어도
그 청정한 마음과 정신의 속살은
우리 가슴 가슴에 되살아 나
향기로운 말씀의 꽃으로
그지없이 피어나고 있네

님은 날마다 맑은 거울로 다가와
우리 자신을 돌아보게 하네.

여행 지도

지도는 여행을 꿈꾸는 자의
가장 가슴 설레는 설계도

행선지는 비록 낯선 타관일지라도
그동안 걸어온 길까지
다시금 일깨워 주는 여로

그래서 여행은
아무리 멀리 갔다가도
결국 떠난 자리로 돌아오며
자신을 찾아가는 여정

그렇게 얼마를 떠났다 돌아와야
진정한 자기 자신에 이르는 것일까

그리고 언제쯤에나
자신의 인생길 살아온 그대로
진솔한 지도 하나 그려낼 수 있을까
아름다운 그림 같은
이정표 남길 수 있을까.

먼 길 걷기

먼 길 가려면
몸과 마음부터 가볍게

남의 눈치 보지 말고
늘 자기 페이스대로

그렇게 꾸준히 내딛는 걸음이
오래 오래 멀리 걸으리

그런 한 발 한 발이
시공을 넘어 천리 만리에
다다르리

그런 나그네가 마침내
생애 마침표 앞에서
회심의 흐뭇한 미소를 지으리.

남은 길

그동안 살아온 길을
어느날 문득 돌이켜 보니 —

어떻게 겪으며
헤쳐 왔나 싶은
아주 험난하고
고통스러웠던 길도 있었고

어떻게 건너고 넘었나 싶은
강물과 가파른 고갯길도 있었고

또 언제 저런 길도 거쳐 왔나 싶은
평탄하고 무사한 길도 있었는데

하긴 그런 모든 길들이 나를 이끌며
오늘의 나로 키워 주었나 싶은데

아직도 내게 더 가야 할 길이
남았다면, 그건 어떤 길일까.

마음과 몸

마음은 보이지 않는
몸
몸은 보이는 마음

마음이 기쁘면
몸이 춤을 추고

마음이 슬프면
몸이 눈물 짓나니

그처럼 몸과 마음은
하나이면서 둘
둘이면서 하나

평생 동고동락하는
불가분의 사이

우린 그것부터 알고 살아야 하리

지우기 비우기

나도 여느 사람이나
마찬가지로 집안 여기저기
벽면 같은 공백이 있으면
벽시계나 커다란 거울
또는 가족 사진이나 근사한
그림 같은 것을 걸어 놓느라
꽤나 신경을 쓰던 시절이
있었는데

어느덧 세월은 흘러
나도 그 여울에 부대끼다
몽돌처럼 무뎌진 탓일까
아니면, 부질없는 욕심의
찌꺼기 다 흘려보낸 탓일까
이젠 빈 벽을 봐도 무덤덤
아니, 아무것도 없는 하얀
캔버스 같은 공간이 맘 편해
그림도 사진도 치우고 있네
그처럼 꿈도 추억도 지우며
날마다 깨끗하게 비우기 바쁘네.

거기서 거기지

"요즘 뭐 하길래 그렇게
조용해?"
어느 친구가 오랜만에 전화를
걸어 그렇게 물길래
"이사갈 준비하고 있지 뭐."
"아니 또 이사하려고?"
"응, 마지막 이사 있잖아."
"이사도 그런 게 있어?"
"거 있잖아, 이삿짐 센터 트럭에
잔뜩 싣고 가는 그런 거 말고,
오히려 다 버리거나 놔두고
달랑 혼자서 가는, 심지어
그동안 동고동락하던
제 육신마저 벗어 놓고 가는,
따라서 두 번 다시 그런 짓거리
필요 없는 이사. 그 준비랄까,
그 예행 연습이랄까, 하여튼
그런 게 내 근황일세. 그런데
나는 그렇다 치고 자네는 요즘?"
"듣고 보니 할 말 없네. 나라고
별수 있겠나. 나도 거기서 거기지."

잠들지 않는 강

내 안에
그지없이 잔잔한
고요가 고이면
밤이 지나가는 발걸음 소리
바람에 스치는
어둠의 옷자락 소리
숲속의 어린 벌레들이 꿈꾸며
잠꼬대하는 소리

그러다, 어느덧 새벽이
부시시 눈 비비고 일어나
깊은 바다에서 길어 올린
햇살로 세수하는 소리

마침내, 온누리에서
아침의 커튼을 올리며
새 날의 시동을 거는 소리.

언제나 정답이 아리송한
진부한 질문 하나 있네요

삶은 무엇인가요?
아니, 그보다 더 궁금한
또 하나 있네요
죽음은 무엇인가요?

왜 사람은 누구나 이처럼
살면서 삶도 모르고
죽으면서 죽음도 모르는 걸까요?
헛소리들만 늘어놓다 떠날까요?

올진은

겨울 옷

어느새 봄 여름 가을
후딱 지나고, 옷장을
살펴 보면 겨울옷이
눈에 띄게 늘어나네
어쩌다 외출할 때면
뭘 입을까 망설이다.
그래도 그동안 익숙해진 옷이
편할 것 같아, 그냥 그렇게 대충
걸치고 거울 앞에 서 보네
그런데 외출복을 입으면
그 사람과 어우러져 돋보여야 하는데
왠지 그때엔 몸 따로 옷 따로 느낌
그럴 때마다 문득
나 자신도 이제는 요즘 세상과
걸맞지 않는, 괜한 부피와 무게만
나가는 겨울 옷 같은 존재가 아닐까 싶어
가뜩이나 추운 가슴 더욱 썰렁해지네.

안 보이는 것에 대하여

이 세상에는 눈에 보이는 것보다
안 보이는 것이 더 많다네
예를 들어
일상의 전기 같은 것은 물론
우리의 생명을 좌우하는 공기도
심지어는 마음·생각·정신도
귀에 들리는 각종 소리 같은 것도
실은 눈에는 보이지 않는 거
그처럼 인간의 생활 속에는
안 보이는 것들이 더 많이 존재하고
그런 것일수록 더 소중하다는 것을
보이던 것마저 점점
안 보이기 시작해서야
비로소 깨우치기 시작했다네
그러나, 대부분의 사람들은
그 엄청난 비밀 같은
진실과 사실을 모르는 채
아니 외면한 채
눈에 보이는 것에만 집착
또는 열광·광분하며
살아가고 있다네.

슬픈 무질서

불행인지 다행인지
이 나라에 태어나
근근 득생 살아 오면서
걸핏하면 새치기 당하거나
제 자리 하나 못 챙기고
이리 밀리고 저리 밀리며 뒤쳐지는
신세였는데……

그건 이제 그렇다 치고,
적어도 저 세상 가는 길에서만은
좀 질서 정연한 꼴 보겠지
했었는데
아니, 여기처럼 뭐 출세길도 아닌데
가까이 지내던 친구·친지·친척들
뭐가 급한지 저세상으로
허겁지겁 마구 달려가데.

저 山河를 보세요
강이 산을 넘는 일 없고
산이 강을 건너는 일 없네요

우리의 세상살이도
그와 같아야
순리와 분수를 아는 삶
아름다운 相生의 길이리.

相生

단 것을 가까이 하면
쓴 일이 생기데요

쓴 것을 가까이 하면
단 일이 생기데요.

나무가 되고 싶네

내가 죽었다가
행여 이 세상에 다시 생겨난다면
이번엔 나무로 태어나고 싶네

한창 젊었을 적엔
자유롭게 날아다니는
새가 되고 싶기도 했지

그런데 이제는
늘 제 자리를 의연히 지키고 섰는
한 그루 의젓한 나무가 되고 싶네

이왕이면 넉넉한 그늘 품은
제법 큰 나무로 자라서
세상 길 피곤한 길손들의
지친 발걸음 어루만지며
편히 쉬어가게 하고 싶네

그런 나무가 되고 싶네.

제3부 • 지도에 없는 여로

나의 시는 이 시대의 변방으로 밀려나
소외된 삶을 살아가는 영혼들을
어루만져 주고 싶다. 그러한 사람들에게
영혼의 만나를 제공하는 영양가 있는
유기농 시인이 되고 싶다.

– 詩作 노트 중에서

세상 길

길 가다 보면, 오르막길
내리막길도 있고

울퉁불퉁 터덜터덜, 비포장
도로도 있고

이리 꾸불 저리 꾸불
꼬부랑 길도 나타나고

고속도로·비행기 활주로 같은
잘 나가는 탄탄대로도 있고

여기 저기 길거리 신호등들도
빨간 불일 때도 있고
파란 불일 때도 있고
그러다 일단 멈춤
건널목도 만나고

때로는 앞서거나 뒤서거나
과속·양보도 하고
어떤 때엔 U턴도 하기 마련인데

그래서 세상길이 바로 인생길
우리네 한평생이 아니던가.

쉼표

나의 시는
쉼표이고 싶네

돈이라면 물불 안가리는
돈에 돈 사람들 앞에

권세라면 수단 방법 안가리는
한심한 무리들 앞에

그렇게 황금과 권력에 눈이 어둬
그쪽으로만 달려가는 대열 앞에
일단 멈춤 신호 같은
콤마이고 싶네

잠시 잠깐이라도
자신을 뒤돌아 보게 하는
쉼표이고 싶네

그런 나그네들 인생길 앞에
쉼표같은 벤치이고 싶네.

눈물

세상에 눈물보다 부드럽고 순결한
절절히 젖어드는 느낌의
보석이 있을까.
남모르는 슬픔과 고통과 외로움의
깊은 우물속에서 길어 올려져
서늘한 눈썹 그늘 밑에
한 방울 두 방울 영롱하게 아롱지는
영혼의 이슬
비록 눈물은 그처럼 아주 작고 나약하지만
때로는 바위같은 막무가내 가슴도 녹이는
고성능의 신비한 무기
天上의 별보다도 더욱 강렬한 눈빛으로
地上에 뜨는 별
가난한 마음의 맑은 눈동자일수록
누구도 소유할 수 없이
찬란하게 샘솟는 개性 보석이어라.

가벼워지기

세상의 좋은 것들 중엔
무거운 것도 가벼운 것도
있게 마련이지만
난 그동안 살면서
묵직한 것일수록 더 많이
소유하려고 집착을 해온 것 같네

그러나 이제 나이 들어
철 나고 보니, 먼 길 가려면
그런 욕심부터 비우며
무거운 짐을 내려놓듯
소중한 것부터 덜어내야 하리

그래야 헛된 허상으로부터
자유로워져
저 하늘 바다 노니는 구름처럼
무변의 지평선 달리는 바람처럼
가는 발걸음 가뿐하게 가벼워지리니
자연과 자연스레 어우러지리.

지도에 없는 여로

지구를 몇 바퀴씩 돌아 본
어느 유명 여류는
어디에 머물든 자기 거처
제일 눈에 띄는 곳에
세계 지도부터 걸어 놔야
왠지 마음이 안정된다는데
나도 그것엔 그대로 동감

그러나 우리네 인생 길
세상 나들이 다 끝내고 나서도
지도나 여권도 해당 없는 곳
나침판이나 네비게이션도
소용 없는 곳
그런 미지의 불가사의한 곳으로
떠나야 할 때
뭘 어떻게 해야 할까
무슨 여행 지도 정보를
참고 참작해야 할까.

일기 예보

날은 맑아도
마음은 흐린 날이 있고
날은 흐려도
마음은 맑은 날이 있고
날은 그냥 종일 멀쩡해도
마음만 흐렸다 개였다 하는 날도
있는데

그처럼 우리네 인생길 날씨도
흐렸다 개였다 예측 불허

그러니 이러한 일기 예보도
미리 해주는 데가 있으면
얼마나 좋을까.

그런 데는 왜 아무 데도 없을까.

정답 모른다네

강나루에 나가면
흐르는 강물처럼 살라 하고
산마루에 오르면
바람처럼 구름처럼 가라 하는데

그렇게 물을 건너고, 또 재를 넘고 넘어
끝내 우리는 어디에 이르는 것인가

동행들 저마다 아는 척 떠들지만
이 육신을 걸치고 있는 동안엔
나도, 당신도, 아니 어느 누구도
그 답을 모르는 거

바로 눈앞에 다가온
영원한 작별의 시간도
그 후의 행선지도 알 수 없는 거
그처럼 우린
불행인지 다행인지 정답을 모르며
살고 있다네.

이롱왕따

점점 잘 안 보이네
점점 잘 안 들리네
그런데도 잘 보이는 척해야 되네
그런데도 잘 들리는 척해야 되네

그런데, 안 보이던 것이
오히려 잘 보이기도 하네
안 들리던 것이
왠지 잘 들리기도 하네

그러나 남들은 뒤에 놓고
제대로 보지도 듣지도 못한다고
처자식들부터
한심한 존재로 따돌리네.

한 세상 살아가다 보면
이런 저런 짐 늘어나게 마련

그런데, 가다가 힘들면
아니, 너무 무거우면
미련 없이 내려 놓으라지만
큰 욕심 보따리 같은 것은 몰라도
때에 따라, 혹은 경우에 따라선
이럴 수도 저럴 수도 없는
짐도 있는 거

그럴 땐 어이 하리까.
난들 어찌 하오리까.

바보살이

한국의 슈바이처로
칭송받는 장기려 박사가
어느 날 제자에게
이런 말을 했다네
"요즘 같은 세상에서
'바보' 소리 들으면 성공한 걸세"

그렇다면 나도
아둔하고 어리석은 척
보고도 못 본 척, 미욱해
손해 보는 척, 알고도
모르는 척,
힘이 약해 양보하는 척
가난에 절어 맛이 간 척

이렇게 꽤나 바보소리
들어 왔는데
그럼 나도 성공한 것일까?
'척'한 건 바보가 아니라구?
실은 진짜 바보살이를 해 왔는데도?

사람도 철새일까

가신 사람도 기러기 같은
철새나 마찬가지 아닐까.

이 세상에 태어나
기껏해야 한 백년을
한철처럼 살면서
짝을 만나 씨 뿌리고 가꾸며
지내다, 저장 에너지 다 방전
방출하고 나선
어디론가 훌훌 떠나 가는 거

떠날 때 홀가분하게
육신마저 벗어 놓고
영혼에 새순처럼 날개가 돋아
다른 별로 날아가는 거
마치 산란을 마친 연어가
다시 바다로 돌아가듯.

떠돌이 별

이 세상
산다는 것은
드넓은 바다위의
작은 잎새마냥
혼자 젓는 뱃길

하지만 누구에게도 두번 다시 없는
단 한 번의 소중한 삶

아무리 내일 또 내일
다른 해가 떠오르고
달이 다시 뜬다 해도
우리에게 주어진 날들은 지나가면
그뿐, 다시 돌아 오지 않는 거
그처럼 오늘은 오로지 오늘 하루뿐
내일은 또다시 날이 오는 거.

다운

쉬엄 쉬엄

너무 서둘지 마시게
그렇지 않아도 모두들 서둘러
그냥 달려가느라 야단들인데
달리다 못해 날아다니느라
법석들인데
좀 쉬엄 쉬엄,
느릿 느릿 가시게

세상사 모든게 아침 안개처럼,
풀잎의 이슬처럼
눈 깜박할 사이 사라지는 거
아니던가

그처럼 우리네 인생 칠 팔 구 십도
어느날 갑자기 날은 저물고
무거운 어둠에 휩싸이며
깊고 깊은 밤의 장막이 내려진다네.

나의 뒷모습

산책 길을 거닐다가
지나는 사람에게 카메라를 건네며
내 뒷모습 좀 찍어 달라고 부탁하네

그동안 앞쪽만 가꾸고 꾸미며
그렇게 앞과 옆 모양만 신경써왔는데
이제는 뒷모습이 더 궁금해지네

어느 날이 될지 모르지만
저 머나먼 미지의 별나라로
마지막 여행 떠나는 날
내 뒷모습은 과연 어떻게 보일까

눈부신 석양을 배경으로 찍은
어느 배우의 근사한 실루엣처럼
나도 그렇게
남은 사람들 기억 속에
오래도록 남을 수 있다면
얼마나 좋을까.

단 한 번의 여행

바다에 이르지 않는
강물이 어디 있으랴
바다는 다 받아들여
바다이리

그런데, 저 유수 같은
세월은 흘러 흘러
어디로 가는 것일까.

인생은 단 한 번의 여행이라는데
두 번 다시 갈 수도 없는
떠났던 자리로 되돌아 올수도 없는
일방 통행의 여로라는데

그렇다면
이제 나의 남은 여정은
언제 어디쯤에서
마침표를 만나게 될까.

겨울 엽신

겨울이 점점 깊어가는데
그대 어떻게 지내시는가.
요즘도
지난 봄 여름 가을 못 잊어
자꾸만 뒤돌아 보며
길 위에서 서성대시는가.
아직도 그렇다면
저 추운 길가에 늘어서 있는
맨 몸의 겨울 나무들을 배우시게
가슴 속에 여전히 남아 있는
아쉬움과 미련의 잎새들부터 내려놓으시게
허공 깊이 얼기 설기 뻗어 있는
헛된 욕심의 잔가지들과도
이제는 작별을 고하시게
마지막 여행을 떠나는 나그네처럼
기약 없는 이별을 준비하시게.

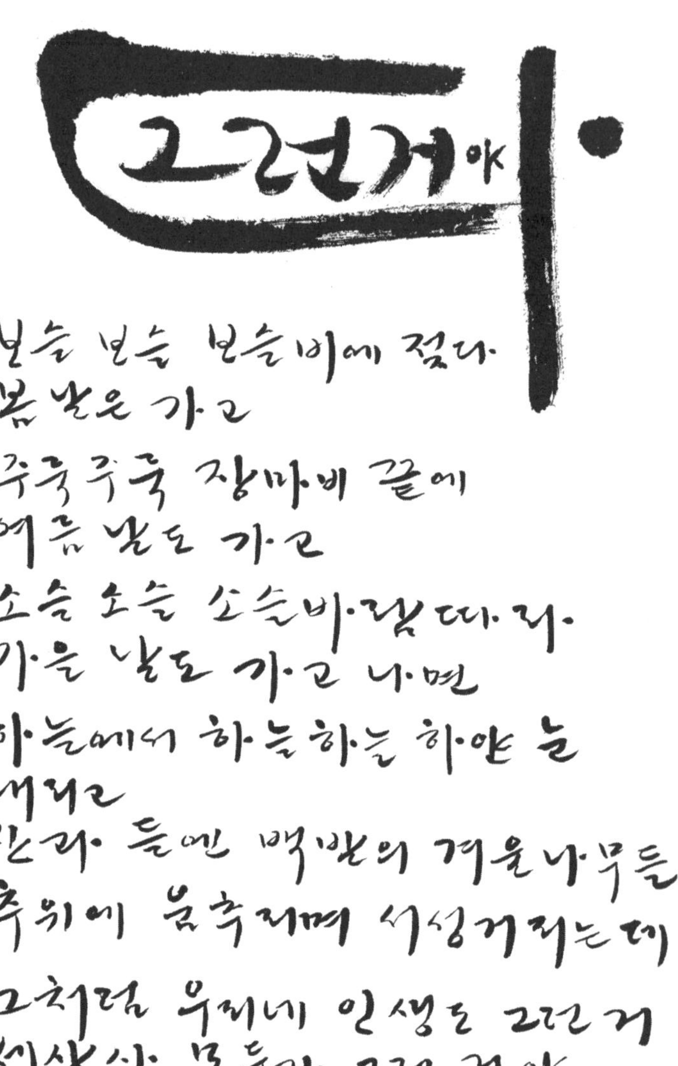
그런거 OK
보슬 보슬 보슬비에 젖다
봄날은 가고
주룩주룩 장마비 끝에
여름 날도 가고
소슬 소슬 소슬바람 따라
가을 날도 가고 나면
하늘에서 하늘하늘 하얀 눈
내리고
산과 들엔 백만의 겨울나무들
추위에 움츠리며 서성거리는데
그처럼 우리네 인생도 그런거
세상사 모두가 그런 거OK.

가을 에필로그

들길, 산길, 물길
알 길 없는 인생길에
어느덧 계절은 가을에
가을비 소슬바람에
나뭇잎들 우수수

들과 산의 빈털털이
나무들, 그래도 뭔가
아쉬움이 남은 듯
뒤돌아보고 또 돌아보며
쓸쓸히 겨울길로 접어들고 있네.

갈 때는 가볍게

짧고도 짧은 나그네 인생길
여기가 어디 쯤일까
새삼 뒤돌아 보다
서산에 해 기울거든
아니, 날 어둡기 전에
우선 무거운 짐부터 풀어놓고
몸만 가듯 가시라.

아니, 몸도 가볍게 겉옷처럼
벗어 놓고, 마음만 떠나듯
가시라.

아니, 마음마저 비워놓고
저 강물의 무심한 물결처럼
그냥 흘러가듯 가시라.

네비게이션

아무리 험준한 첩첩 산중에도
사람이 다니는 산길이 있고
깊은 강, 드넓은 바다에도
물길·뱃길이 있고
아득한 저 허공 하늘에도
비행기가 오가는 항로가 있는 것인데

어쩐 일일까
사람이 세상을 뜨는 마지막 그길은
아니, 영영 되돌아 올길 없는 그 곳은
어디에 어떻게 있는 것인지
어디로 어떻게 가는 것인지
어느 누구도 알지 못하는 것 같네

그러나 첨단 문명의 산물 네비게이션도
모르는건 마찬가지
아마도 그런 네비게이션의 출현은
앞으로도 불가능하리.

제4부 • 사라짐에 대하여

참 좋은 시의 극치는 저절로
노래가 되어 나오는 게 아닐까.

– 詩作 노트 중에서

사라짐에 대하여

항상 여기 이 자리에
있는 건 하나도 없데요

언제나 거기 그 자리에
있는 건 어떤 것도 없데요

늘 저기 저 자리에 있는 건
아무 것도 없데요

그처럼 세상 모든 것들은
끊임없이 변하거나
움직이데요

그러다 어느 날인가는
아예 흔적도 없이
사라져 버리데요.

반딧불이

어느 간이역 같은 데서
잠시 쉬었다 가듯
가평의 한적한 산자락에서
한 1년 넘게 지내는 동안
꽤나 오래도록 잊고 살던
반딧불이 와 가까이
어울리게 됐는데

날이 저물어 어두워지면
그 놈이 제 몸뚱이 끝에
작은 등불을 켜고 나와
이 시대의 암울함 보다도
깊은 어둠 속을 자유자재로
날아 다니는 게 아닌가.

그 작디 작은 미물의 개똥벌레가
지난 세월의 추억을 떠올려 주며
내 어둔 가슴 속까지 불 밝혀 주다니

그 때마다 내 자신이 부끄럽고
한편 부럽기까지 했다네.

한치 앞도 밝히지 못하는

혼자 달리는 마라토너

아무도 눈여겨 보지 않는
이름 모를 선수가
뒤에 가고 있네요

주변에 환호나 박수 갈채도 없는
너무나 적막한 무관심 속에
혼자 열심히 달려가고 있네요

자기가 설정한 목표 달성을 위해
고통의 순간 순간을 감내하며
외로운 질주를 계속하고 있네요

그래요
비록 그가 남들보다 많이 뒤쳐졌지만
그래도 최선을 다해 끝까지 뛴다면
그것만으로도 얼마나 대단한가요
꼴찌가 되더라도 얼마나 훌륭한가요.

빈 거리

사람들은 많고
온갖 차들이 바글바글
건물들도 숨막히게
빼곡빼곡

그런데
왠지 빈 거리 같은
아무도 없는
아무것도 없는
빈 도시 같은

밤의 적막과 어둠은 아득하게
깊어만 가고 ....

골목길

혼자 걸어가는 골목
불꺼진 좁은 무대처럼
그 앞에 텅빈 객석처럼
적막하고 썰렁하고

아무도 듣는이 없는
내 서글픈 노래만
그 휘파람 소리만
지친 발걸음 장단에 흔들리며
소슬한 바람결 따라.
길은 어둠속 허공으로
흩어지누나.

마지막 집

사람이 세상에 나와
이런 저런 데서
이렇게 저렇게 살다가
어느 길목의 초라한 단칸방 집이든
고대광실 아방궁 같은
대저택이든 간에
때가 되면 비워 주고 떠나야 하네

그런데 사람이 두고 가야 하는
진정한 집은 그뿐이 아니라
일생을 함께 동고동락해 온 육신

그렇다면 몸집은
우리의 무엇이 머물던 곳일까
마음. 정신. 영혼?

하여튼 사람은 누구나 어느 날
자기의 그 마지막 집인
평수로 따지기도 곤란한 몸집마저
내주고, 어디론가 훌훌 떠나야 한다네.

텅빈 고요

텅빈 고요

어느 저녁 나절
산 그림자도 잠든
잔잔한 호수 같은
맑은 고요

그런 순간 순간엔
죽음마저 홀가분한
자유 해방이리

비로소 천리 만리 아득한
화평의 바다
황홀한 수평선이리.

할아버지 눈물

할아버지, 저 개울물은
졸졸졸
어디로 흘러가죠?

할아버지, 저 구름은
둥실 둥실
어디로 떠가는 거죠?

할아버지, 저 해는 뉘엿 뉘엿
왜 저 산 너머로 숨어 버리죠?

손자는 쫑알 쫑알 물어 대는데
할아버진 한숨만 내쉬며
아무런 대답없이
왠지 눈물만 글썽 글썽.

벗이 좋아
벗하려면
속도 겉도
안도 바깥도 벗어야
참 벗으로 벗어져
진정한 벗으로 만나리.

시들 시들

시답지 않은 시와
시인답지 않은
시인들에 시시때때로
시달리다 보니
시 쓰기마저 스트레스

일상의 모든게
시큰둥해지며
세상 만사가 시들시들
시도 시인도 시시해지데.

귀향길

날은 저물고
길동무들 하나 둘
어디론가 흩어지고
불꺼진 빈 터널처럼
어두운 가슴

—타향살이 몇 해던가—

바로 지척인 듯
아직도 아득한 듯
여전히 아리송한
낡은 길

얼마를 더 가야
고향집에 이를까.

오줌도 눈물처럼

오뉴월 장대비 같던
오줌 줄기가
언제부터인가. 가랑비처럼
가늘어지더니
한줄기 보슬비처럼
떨어지네

마치
참고 참았던
깊은 슬픔과 恨의 눈물이
야윈 뺨 위로 흘러내리듯
찔끔 찔끔 주르르……

소리없이 떨어지네.
남 모르게 가슴 속까지
적시네.

말하기와

말을 많이 하는 자는
사람을 많이 잃고

말을 많이 듣는 자는
사람을 많이 얻으리…

말듣기

서글픈 反轉

이 세상 사는 동안
마치 인생대학 같은과 같은 반
학우들처럼
가깝게 어울리던 벗들

무엇이 그리 급해
서둘러 저 세상으로 달려갔는지
슬픔을 넘어 때로는 서운하고 야속하고
그러다 그리웁기 그지 없는데……

머지 않은 어느 날
나 역시 그곳으로 갈 것이고 보면
아마 그땐 이 친구들이 작심하고
기다렸다는 듯 달려나와
"야, 너 이제야 왔냐? 미안하지만
이제 우린 선후배 사이야. 똑같이 놀 생각
말라우!" 오히려
이런 엉뚱한 너스레를 떨며
나를 어리벙벙하게 만들지도 모르지
아니, 그렇게 나를 웃기며 환영하겠지.

리모콘

요즘엔 TV나 냉온방기는 물론
자동차나 실내 취침등에 이르기까지
갖가지 생활용품들이
리모콘으로 조종되는데
이왕에 그럴 바엔
슬픔과 고통으로 불꺼진
우리네 암울한 가슴속도
환하게 불켤수 있는 그런 리모콘은 없을까
뿐만 아니라, 쏜살같은 저 세월의
고속열차도 멈추게 하거나
아니면, 완행중의 완행으로
살짜쿵 바꿔놓을 수 있는
그런 리모콘은
만들어 낼 수 없을까.

마지막 재앙

예전엔 文字를 모르면
文盲이라더니
요즘엔 컴퓨터를 못하면
컴맹이라며 어디를 가나.
컴퓨터 앞에 앉아
그것에 환장한 듯 야단법석

하기야 세상만사가
컴퓨터에 의해 돌아가는
판국이니 그도 그럴 수 밖에

그러나 두고 보게나.
컴퓨터가 인간을 행복하게 만드는
것이 될지
인류를 파멸시키는 비극의 흉기가 될지

아마도 멀지 않은 어느날
컴퓨터는 神의 두뇌의 지능으로 발전
인간 파괴와 지구 종말의
가공할 무기로 돌변하고

마침내 사람들은
흉물로 변한 모니터 스크린 앞에서
불안과 공포에 질린 채
캄캄한 밤하늘보다도 더 크게
입을 벌리고 다가오는 거대한 무덤과
마주하게 될 걸세.

태산有感

중국 산동성의 태산이 그 나라에서
제일 높은 산은 아니라지만
어느 산보다도 높이 받드는
중국 동방의 신성한 산이라기에,
그리고 온갖 유적들이 즐비한
역사 문화 박물관이라기에
나로서는 꼭 한 번 가서 보고픈
뫼였어라.

그래서 어느 날
속진의 답답한 서울을 벗어나
설레는 가슴으로 태산의 정상
그 부근에 이르렀는데
아니, 이 어찌된 일인고!
여기가 그 유명한 산의 정상인지
저 속세의 시장 바닥인지

그야 말로 인간의 욕심이
산보다 더 높아져
기대했던 그 숭고한 산의 모습은
찾을 길 없어라!

예로부터 내려오는 말인즉 —
생전에 태산에 오르면
무병 장수는 물론
죽어서도 신선이 되어
이 산에 와 산다고 했다는데
어쩌다 그 전설같은
산의 진면목은 간 데 없고
돈 뙈기 시장 복마전이
되었단 말인고!

한계를 모르는 가증한 인간의
욕망이
태산같음을 그대로 보여주는
그런 태산이어라!

다시 西湖에

항주의 얼굴 서호여
그대는 호수같은 바다인가.
그 들이 지상에 이우러진
환상의 수상 낙원인가.

다시 찾아온 작은 나라의 나그네
그래서 더 반가워 못 견디겠다는 듯
요정들의 비단 살결같은
물꽃들의 고혹적인 미소
그대들의 눈부신 눈짓에
이내 마음 다시금 흔들려
물결처럼 파문지고 있네

그 떨림 그 설레임 스러질줄도 모르고
가는 곳마다 그림자처럼 따라다니며
이 가슴 캔버스에, 벌써부터
그리움의 그림 그리고 있네.

천보 소풍길

의정부 변두리 천보산 자락에
독일 하이델베르크의 '철학자의 길'보다
더 근사한 소풍길이 있는데
곳곳에 유적지와 약수터도 있어
시민들의 발걸음이 날로 늘어나고 있는데
나 역시 그 길을 산책 삼아
거의 매일 거닐다 오는데
그중에서도 나는 꽃동네에서 오르는
울창한 소나무 숲길을 즐겨 찾는 편인데
그렇게 이리저리 걷다가
약수터에서 생수 몇 모금 마시고
나무 벤치에 앉아 쉬노라면
그간의 세상번뇌로 우중충하던 심사도
가슴 구석구석 욕심의 찌꺼기들도
어느결에 아침 안개 걷히듯 사라지고
드높은 가을 하늘처럼 마음이 맑아지며
잔잔한 호수처럼 평안해지데.

어느 외딴 섬 바닷가에
저만치 허름한 집 한채 보이네

집은 사람이 살아야 되는데
텅 빈채 그대로 쓰러져 가고 있네

어느 누가 여기까지 흘러와
남 모르게 살다 갔을까

섬은 그저 아무 말이 없고
오늘도 바다에 갇힌 채
혼자 외로운듯 서러운듯
몸부림치며
파도로 가슴을 치네

망망대해 속에서
초라한 빈 쪽배처럼 흔들리며
마냥 흐느끼고 있네.

무인도

81. 하늘에 속하게 하소서
82. 감사의 눈물
83. 영원히 빛나는 빛
84. 깨우쳐 주소서
85. 누군가 울고 있네요
86. 눈물 비누
87. 구름꽃 돛단배
88. 미지의 행선지
89. 그대는 눠시기에
90. 하늘길
91. 그래도 감사
92. 눈에 보이면 다냐
93. 노 댕큐
94. 하나님, 할렐루야
95. 등대
96. 아득한 그 님
97. 그리움 그지없어
98. 섬
99. 사랑을 사랑하리
100. 다시 사랑 노래

제5부 • 미지의 행선지

시인은 범종 같은 존재일까?
고통의 매를 맞아야 아름다운
소리가 나는 것 같다.

– 詩作 노트 중에서

하늘에 속하게 하소서

하늘에 속하게 하소서
한(恨)도 없고
한(限)도 없는
한량없는 하늘에 속하게 하소서

정치판의 어떤 파당도 아닌
그렇다고 그냥 무소속도 아닌
오로지 하늘 당에 속하게 하소서

이승에선 재테크와 거리가 멀어
늘 가난을 면치 못했지만
"내 아버지 집에 거할 곳이 많도다."
하신 그곳에선 저의 잔이 넘치게
하옵소서

비록 이 땅에 태어나
육신은 어느 날 한줌 흙으로 남겠지만
영혼만은 저 하느님 나라
하늘에 속하게 하소서.

감사의 눈물

하루 하루 그날 그날을
자기 생애 끝날처럼
그런 날의 마감 시간처럼
그런 시간의 마지막 순간처럼
그런 순간의 최후 진술처럼
그런 간절한 기도의 내용처럼
남은 날들 날마다
그렇게 살아 간다면
어느 사람인들 속된 욕망의
눈먼 노예로 지내고 있으리
누군들 못견디게 미워하거나
원수처럼 저주하리

오히려 세상 온갖 만물들이
새삼 사랑스런 존재로 다가 오며
그지 없이 아름답게 보이리

그저 절절한 감사의 눈물만이
마냥 눈앞을 가리리.

영원히 빛나는 빛

세상길 가다 보면
형형 색색 수많은 빛이 있다오

어두운 길 밝히는 가로등도 있고
흔들리는 발걸음을 더욱 미혹하는
현란한 네온사인 같은 빛도 있고
그처럼 우리 주변에
시간과 장소에 따라
각색의 빛이 있는데
내가 바라는 건
그런 빛이 아니라
언제나 맑고 밝게 빛나는 빛
지상에서 가장 영묘한 빛이라오

우리네 삶의 길은 어둠 속까지
속속들이 밝혀 주는
영원 불변의 성결한 빛이라오.

깨우쳐주소서

머리 속에서 늘 아른 아른
잡히지 않는 기억의 실마리처럼
나는 어찌하여 간절한 그 한마디를
아직도 못 찾고 있을까요
잠 못 드는 아기에게 엄마가
들려주는 애자지정의
자장가 같은 말
타관서 떠도는 나그네 한테
날아온 절절한 그리움의
고향 소식 같은 말
지치고 갈급한 영혼에게 건네는
한 모금의 청량한
생명수 같은 말
나는 왜 그런 말 한마디를
꽃 피우지 못하는 걸까요
나는 왜 그런 노래 한 가락을
가슴 깊은 곳에서
길어 올리지 못하는 걸까요
아둔한 저를 일깨워 주소서
더 늦기 전에
어서 깨우쳐 주소서.

누군가 울고 있네요

누군가 울고 있네요
깊은 밤 어둠속에서
하염없이 이슬 내리듯
눈물을 흘리고 있네요

늙으신 어머니가
방탕한 불효자식을 위해
밤마다 정화수 떠놓고
간절히 빌고 빌듯
누군가 너와 나를 위해
오만 불손 방자한 우릴 위해
두 손 모아 빌고 있네요

"저들이 하는 일을
알지 못하나이다, 용서하옵소서"

그때 골고다 언덕 십자가
위에서 하신 말씀처럼
무지 몽매한 우릴 위해
주님이 피눈물 흘리고 있네요
오늘도 그렇게 기도하고 있네요.

눈물비누

얼마나 많은 눈물
흘리고 흘려야, 이 마음
밝은 거울처럼 밝아질까.
그처럼 닦아질까.

얼마나 버리고 비워야, 이 가슴
작은 새의 깃털처럼 가뿐할까.
그처럼 가벼워질까.

그런 후에야
내 영혼의 노래도
그지없는 시공을 넘고 넘어
그윽하고 아름다운 종소리 되어
뭇사람들의 마음과 마음 울리리

아득한 그대
그 높고 깊은 말씀에 닿으리.

구름꽃 돛단배

구름아, 구름아
서산 마루에 쉬어가는
꽃구름아
잠시만 머물다가
나를 태워다오

흘러가는 물결처럼
바람결에 떠가는
하늘 바닷길
어느 교통수단으로도 갈수 없는
머나 먼 아득한 길
아름다운 그곳으로

구름아 구름아, 꽃구름아
어디에 있는지 알 수는 없지만
영원한 본향, 그 별나라로

돛단배처럼 노저어
나를 싣고 가다오
나를 데려가다오

꽃구름 돛단배야.

이 지구의

우리는 누구나 지구별 나그네
여기에 머물며 사는 동안
수많은 사람과 풍경과
만나고 헤어지며
숱한 인연들과 애환의
역사를 엮게 되지만
바로 어느 날 모든 여정이
끝나면, 그동안 간직했던
아주 귀중한 것에서부터
하찮은 것에 이르기까지
모두 다 이 땅에 내려놓고
마지막에
본인의 육신마저 벗어 놓고
엄연한 죽음의 역에서 환승

영원한 영혼의 고향으로
저 미지의 별나라로
떠난다네
돌아간다네.

행선지

그대는 누구시기에

그대는 누구시기에
내가 춥고 어두운 밤길을
길 잃은 양처럼 헤매고 있을 때
홀연히 나타나
내 손을 잡아 이끄시나요

그대는 누구시기에
내가 절망의 벼랑 끝에 서서
슬픔에 젖어 헤매고 있을 때
보이지 않는 손길로
내 눈물을 닦아 주시나요

그대는 누구시기에
세상 사람들이 외면하며 돌아설 때
그 외로움의 막다른 골목
그 깊은 어둠 속까지 찾아와
내 이름 부르며 기다리고 계신가요

아, 진정 그대는 누구시기에
이 둔한 이 자식을 공효히 여겨
언제나 지켜 주고 계신가요.

하늘 가는 밝은 길이
저 위로 향해야 있는 줄 알았는데
이 아래로 내려 가야 있었네

지극히 높은 곳을 향해 올라가야
마침내 빛나는 줄 알았는데
오히려 낮고 낮은 데 있었네

곤고한 세상 변두리 길에서 마주친
수많은 사람들의 슬픔과 고통
그 어둠의 억울한 계단
그 밑바닥에서부터
나의 하늘길은 비로소
빛의 사다리처럼 열리고 있었네.

지금 내게 남은 것은
재산일까 명예일까

불행인지 다행인지
솔직히 말해
둘 다 해당 없음

퇴락해 가는 어느 오막살이의
허름한 외양간 같은 육신 속에
아쉬움과 회한과 서글픔과
썰렁함이 또아리를 틀고 있을 뿐

그런데도 어쩌다 문득 문득
하늘에 대해 감사 감사한
마음은
웬 일일까, 어인 일일까.

그래도 감사

눈에 보이면 다냐

공기가 보이드냐
산소가 보이드냐
바람이 보이드냐
소리가 보이드냐
생각이 보이드냐
마음이 보이드냐
정신이 보이드냐
전기가 보이드냐
창조주가 보이드냐

기실 이 세상엔
눈에 보이는 것보다 안보이는것이
더 많은 거
오히려 소중하고 영원한 것은
눈에 잘 보이지 않는 거

그런데도 대부분의 사람들은
보이는 것에만 혈안이 되어
더욱더 시선을 자극하는
것을 쫓으며
어디 가나 시끌벅적 우왕좌왕
온통 야단들이라네.

노댕큐

어느 날, 전지전능한
하나님께서 지나온
세월을 그대로 되돌려
줄 테니, 나보고 다시 살으라 하면
나는 한마디로 사양하겠네
누구나 지나온 길 돌이켜 보면
미련과 아쉬움이 교차하겠지만
이제 와서 그 풍진 세상 험한 길
그 비바람 눈보라의 세월
다시 살아 보라면 고사하겠네
아, 그 비탈길 숨가쁜 고갯마루
어떻게 그동안 넘고 넘어 왔을까.
그 시절 그대로 되돌려 줄 테니
어디 다시 살아 보라면
나는 못 살겠다고 말하겠네
죄송하지만 '노 댕큐' 하겠네.

하나님,

하나님, 사랑해요
우주 만물의 전지 전능한
창조주이시고
우리 인류의 위대한 왕이시고
영원한 대통령이시고
우리 모두의 아버지이시고
어머니이시고
불쌍한 양떼들의
선한 목자이신

그리하여
우리의 전부이시고 주인이시고
자비로운 인도자이시고
동반자이신
아, 하나님!

저 태양의 넓고 깊은
가슴처럼 뜨겁게
사랑하고 사랑합니다.
할렐루야, 아멘! 아멘!

할렐루야

등대

무엇을 기다리고 있나.
보이는 건 끝없는 바다.
텅 빈 수평선 뿐인데
밤이면 사방 캄캄한 어둠 뿐인데
외딴 섬 바위 언덕 위에
말없이 우두커니 서서
어디를 그렇게 바라보고 있나.
달려오는 건 거친 파도 뿐인데
달려가는 것도 허망의 물이랑 뿐인데
허구헌날 비가 오나 눈이 오나
망부석처럼 망연히 서서
밤새나 다 눈이 짓무르도록 불밝혀가며
누구를 잊지 못해 기다리고 있나.
누가 그렇게 그리워
잠 못 이루고 있나.

그대는 하늘의 높음을 지닌 님
그대는 하늘의 넓음을 지닌 님
그대는 하늘의 깊음을 지닌 님

그래서 하늘 말씀을 말하는 님
그 말씀의 맑음 같은
그윽한 향기를 간직한 님

그런데 때로는
내가 가까이 다가갈수록
머나 먼 만년설 고봉 같은

아득한 산 그 님

그러다 어느새 내 마음 속에 들어와
나를 기다리고 있는 님

나를 품어주는 님.

그리움

그리움 그지 없어
꿈속에서도 그대 그리듯
그런 그리움 그리다 보면
어떤 모습의 그림 그려질까.

그렇게 그리고 그리다가
언젠가는 그대 그림자라도
엇비슷 흉내 낼 수 있을까.

그처럼 그립고 그리워서 그래요
그대 그리움 그지없어 그래요.

그지 없어

섬 섬 섬

드넓은 바다
수평선 저 멀리

가까이 가면 갈수록
점점 멀어지는
아득한
섬

영영 닿을 길 없어
언제나 그리움 그지없는
섬

그런 섬 같은
그대
내 가슴 안에
머나먼
섬

사랑을 사랑하라

사랑이란 두 글자는
보기만 해도 사랑스럽네요

그리움이란 세 글자는
듣기만 해도 그리워지네요

비록 사랑의 끝은
아픔과 상처이기 일쑤지만
그래도 훗날 돌이켜 볼 때마다
지난 세월의 수평선 너머에서
황홀한 노을빛 추억으로
물결쳐 오는 거

그러니 우리가 세상 사는 동안
무엇보다 절절한 삶의 시간들은
사랑의 만남과 이별
그 순간 순간들이리
그래서 우린 사랑을
사랑할 수 밖에 없으리.....

다시 사랑 노래

바람아 불어라
지나다 그 임 보이거든
내 말 전해 주겠니
아직도 보고 싶다고

구름아 떠가라
가다가 그 임 만나거든
내 마음 전해 주겠니
더욱 더 그리웁다고

강물아 흘러라
흐르다 그 임 눈에 띄면
내 사연 전해 주겠니
죽어도 못 잊는다고
지금도 사무치게 사랑한다고.

채희문

한국외국어대학 독어과에 다님.
「월간문학」 신인상으로 등단.
저서 및 역서로 《세계명작 영화 100년》
《문 밖에서》《쉬쉬푸쉬》《가로등과 밤과 별》
《두 사람의 롯데》《가을 레슨》《밤에 쓰는 편지》
《추억 만나기》《어느때까지이니까》
《우이동 시인들》(25권)《혼자 젖는 시간의 팡세》
《아직도 못다 부른 노래》등 60여권.
한국일보사 주간 월간 일간스포츠 편집부장,
공보처 전문위원 등을 역임.
한국문인협회, 우이동 시인들 회원.

연락처 : 경기도 의정부시 부용로 49,
주공 그린빌 104-701 〈참詩 작업실〉
전　화 : 010-3959-0904

소슬비 채희문 신작 육필시집

초판 1쇄 • 2014년 9월 1일

지은이 • 채희문
펴낸이 • 이형로
펴낸곳 • 도서출판 황금마루

출판등록 • 제2010-000158호
주소 • 우편번호 412-818
경기도 고양시 덕양구 능곡로 30-11, 103동 2503호
(토당동, 현대1차 홈타운)
전화 • 031-979-9908
핸드폰 • 010-5286-6308
이메일 • iplee6308@hanmail.net

값 • 15,000원
ISBN • 978-89-965832-2-6